JN436573

무지갯빛 추억

●

정주탁 시집

●

오늘의문학사

국립중앙도서관 출판시도서목록(CIP)

무지갯빛 추억 : 정주탁 시집 / 지은이: 정주탁. -- 대전 :
오늘의문학사, 2015
p. ; cm. -- (문학사랑 시인선 ; 38)

ISBN 978-89-5669-691-1 03810 : ₩10000

한국 현대시[韓國現代詩]

811.7-KDC6
895.715-DDC23 CIP2015017712

무지갯빛 추억

■ 서문

존재하는 모든 것들은
때가 되면 사라져버린다.
다만 시차를 두고
소멸과 창조가
순환적으로 거듭될 뿐이다.
이곳은 머물다 가는 정거장일 뿐
언젠가는 꼭 떠나야만 한다.
여기까지 오는 동안
모닥불 연기처럼 피어나는
이런저런 많은 사연들에
정과 마음을 섞고 살을 붙여
나름대로 예쁘게 다듬어서
이 작은 시집에 담아
순리대로 흐르는
일월(日月)에 붙여본다.

2015년 여름에 정주탁

‖ 차례 ‖

▌서문 ········· 4

그가 남기고 간 편지 ········· 13
가을비에 젖는 나그네 ········· 14
구겨진 편지 ········· 15
난 당신이 있어 행복합니다 ········· 16
새봄을 맞으며 ········· 17
세월에 웃고 울고 ········· 18
마음이 끌리는 소리 ········· 19
샛별人名의 절규 ········· 20
연탄재 ········· 21
무덤과 영혼 ········· 22
바랫길 ········· 23
아들이 추울까 봐 ········· 24
밀회 ········· 25
자성自省하는 마음 ········· 26
시詩의 자국 ········· 27
잠 못 드는 밤 ········· 28

봄 마중 ······ 31
그리운 님 ······ 32
고향의 추억 ······ 34
잊혀지지 않는 꿈 ······ 36
제야의 종 ······ 37
장한 엄마 ······ 38
하얀 목련화 ······ 39
촛불 ······ 40
너무 야속한 당신 ······ 41
알로하 인사 ······ 42
신선이 따로 없네 ······ 43
수평선의 출산 ······ 44
바람이 앗아 간 꽃길 ······ 45
단비 ······ 46
가슴으로 읽는 시詩 ······ 47
싹과 꽃 ······ 48

임 그리는 마음 ············ 51
용서를 비는 마음 ············ 52
푼수 생각 ············ 54
괴석塊石과 고송孤松 ············ 56
새싹 ············ 57
친구를 보내며 ············ 58
이산가족 상봉 ············ 60
기다리는 막차 ············ 62
원점原點 ············ 64
영원한 술래 ············ 65
님이 남기고 간 말 ············ 66
마지막 배웅 ············ 67
복사꽃 얼굴 ············ 68
인생도 한줄기 소나기 ············ 69
신의 없는 나라님 ············ 70
적상산赤裳山의 추색秋色 ············ 71

장한 대한의 아들들 ………… 75
달라진 양심의 보루 ………… 76
꽃과 벌 나비 ………… 78
맺힌 한 ………… 79
노부부의 대화 ………… 80
수마水魔가 할퀸 상처 ………… 82
노을진 부두 풍경 ………… 83
상사화 전설 ………… 84
악연도 인연이야 ………… 86
가을 산행 ………… 87
만시지탄晩時之歎 ………… 88
아내에게 ………… 90
갈등 ………… 92
아들에게 ………… 94
기다리는 봄 ………… 95
모래알 인생 ………… 96

감나무 ………… 99
아내의 점심상 ………… 100
동지冬至 ………… 101
어둠이 내리는 것도 모르고 ………… 102
봄빛 ………… 103
그리움 2 ………… 104
우리는 모두가 인연 ………… 106
슬픈 합성 ………… 107
해일海溢 ………… 108
사랑의 쇼 ………… 109
버려진 무덤 ………… 110
회생回生 ………… 111
모교의 추억 ………… 112
앞산 ………… 114
병원에서 ………… 116
수술실 앞에서 ………… 117
들어가기 싫은 내 집 ………… 118
늙은이 ………… 119
가을비와 감나무 ………… 120
빠른 세월 ………… 121

‖ **해설** ‖ 리헌석/ 철학적 사유와 긍정적 시심 ………… 122
작가의 말 ………… 133

제1부

그가 남기고 간 편지

우리는 좋은 인연이었습니다. 더러는 슬프고 괴로운 일도 모두가 인연에 포함된 것으로 돌리고 서로가 용서와 사랑으로 감싸주었지요.

언제나 온유하고 지혜로웠던 당신은 늘 따스한 가슴으로 품어주고, 힘과 용기를 주던 당신의 고운 정은 지금도 주름진 가슴에 살아 있습니다. 여보! 나 정말 당신을 사랑했어요.

흠이 있어도 이제는 서로가 용서하고 가야합니다 지금껏 많은 고생에 또 슬픔 주고 가니 떠나는 마음 너무 무겁고 아픕니다. 당신 두고 떠나야만 하는 이 쓰린 마음. 끝내 당신 지켜주지 못해 더욱 괴롭습니다.

저미는 듯 아픈 마음 달래면서 하고픈 말은 고맙다는 말과 미안하다는 말 뿐. 여보! 부디 마음 편히 갖고 건강 살피면서 아프지 말고 오래오래 살다 머언 훗날 당신이 천상으로 온다는 기별 들으면 꽃다발 아름 안고 마중하렵니다.

눈보라 비바람이 휘몰아쳐도 꽃다발 아름 안고 마중 가렵니다.

가을비에 젖는 나그네

부슬부슬 내리는 가을비에 젖는다.

을씨년스럽게 바람마저 휘몰아친다.

검붉게 피멍 든 나뭇잎 살을 찢는 아픔 있으련만 울음소리는 들릴 듯 말 듯 슬픔에 목이 메서인가. 몸부림치며 떠나는 마지막 잎새 앙상하게 남겨진 삭막한 풍경 가지마다 맺힌 눈물방울은 아픔의 징표인 듯 마음 시리다.

흠뻑 젖은 대지는 통통히 살쪄 초목들은 겨우내 갈증을 덜겠지만 하루 벌어 하루를 살아야 하는 날품팔이 나그네는 궂은비에 또 하루를 허송한다. 이 비 그치고 나면 더 추워지겠지. 올 겨울은 또 얼마나 추울까.

가난이 재산이라 준비된 것도 없다.

엄동을 어이 넘겨야 할지 아득하다.

구겨진 편지

빛도 없는 불이
이 작은 가슴 태우고
피도 살도 말리는
식을 줄 모르는 연모戀慕의 불
하늘의 비구름도 소용없고
거센 바람도 아랑곳없다

활활 타는 가슴 헤집으며
한 올 한 올 풀어
글로 써 전해 볼까

쓰고 보니
절절한 사연들
벌거벗은 마음이라
너무 부끄러워
보낼까 말까 망설이며
몇 밤을 지새웠다

오늘도 만지작거리다
부치지 못한
구겨진 편지.

난 당신이 있어 행복합니다

겉으로는 잉꼬부부라고 큰소리 쳐도 속에 드리워진 얼룩은 감추고 살지요. 살다보면 맑은 날도 있고 흐린 날도 있고 때로는 비바람이 몰아치는 날도 있지만 그래도 난 당신 있어 행복합니다.

정을 맞아야할 만큼 모난 돌도 아니건만 생뚱맞고 뜬금없는 소릴 할 때면 분노에 불이 붙어 이성은 다 타버리고 인격살인을 하는 막말을 퍼부어대지요. 그래도 난 당신 있어 행복합니다.

아직도 꿈속인 듯 했는데 어느새 노을이네요. 살같이 가버린 세월이 너무도 아쉽네요. 이제는 추억을 노래하며 살고 싶은데 당신은 추억을 더듬으며 먼 산만 바라보네요. 그래도 난 당신 있어 행복합니다.

주름만 남기고 가버린 야속한 세월아. 젊음을 앗아가고 아픔마저 주는가. 이제 남은 거란 이별뿐인데 당신과의 이별의 말은 무덤에서 하렵니다. 간난艱難 속에서도 당신이 있어 행복했다고…

새봄을 맞으며

오는 봄 보내기 몇 번이던가
이제는 생각도 가물가물
올해 또 새봄 맞았지만
누가 먼저 갈지는
아무도 몰라

하늘에서 쏟아지는 봄빛
땅속에 흐르는 봄의 맥박
여기저기 화안하게
웃고 있는 꽃들의 소리
이 흐름을 누가 막으랴

훈훈한 대지의 입김에
두꺼운 가죽 뚫고 나온 새싹들
서로가 어우러져 꿈 펼칠 때
긴 세월에 주름은 늘었어도
설레는 가슴은 아직도 청춘

세월에 웃고 울고

샛별같이 빤짝이는 눈
배부른 풍선처럼 탱탱한 볼
오목조목 잘록진 통통한 손
자연이 준 아름다운 첫 선물이었다

그 아름다움이 흐르는 물에 씻겨서인가
눈빛은 희멀겋게 바래고
볼은 얼기설기한 계곡투성이
손은 앙상한 갈퀴 모양 되었네

한 세월은 웃음 주고
또 한 세월은 눈물 주고
가버린 것은 슬픔을 남겼지만
그래도 추억은 무지갯빛다워라

마음이 끌리는 소리

종다리는 지지배배
아이들은 재잘재잘
보슬비는 보슬보슬
우박은 후드득후드득
폭포는 쏴아쏴아
장대비는 주룩주룩
낙엽비*는 우수수
까마귀는 까옥까옥
산 까치는 까악까악
전선은 위잉위잉
눈은 사락사락 내리는데
이미지와 소리는 잘 어울리지만
마음이 끌리는 소리는
가지마다 쌓인 눈꽃을 보며
화안한 웃음 속에
절로 나는 감탄 소리

* 거센 바람에 수많은 낙엽이 소낙비처럼 일시에 떨어지는 현상을 지칭한 것임

샛별人名의 절규

병마와 싸우는 우리 엄마
잠을 자면서도 몹시 괴로운 듯
이맛살을 찌푸렸다 폈다를 되풀이한다

샛별은 두근대는 가슴 쓰다듬어도
솟구치는 샘물은 조용히 흐르고
훌쩍거릴 때마다 젖어드는 옷소매

무슨 업보가 그리도 많아
아빠도 일찍 아쉬움 남기고 떠났는데
엄마마저 폐암이라니 이렇게 가혹할 수가

넘치는 눈물 속에 샛별이 절규한다
"아 님이시여!
고아로 자란 불쌍한 우리 엄마 살려 주세요. 제발
하느님!"

연탄재

본바탕이 검은지라
희멀건 얼굴을 한
양반 행세는 할 수 없지만
속에 품은 열정만은
남부럽지 않다고 자부한다.

온몸 불살라 푸른 불꽃으로
익혀주고 끓여주고
언 몸 녹여주고 나니
진기 다 빠져 희뿌연하게
볼품없이 늙고 말았지

사랑하는 사람들
동지섣달 얼어붙은 밤길에
누군가 넘어져 다칠까 봐
제몸 산산이 부숴뜨려
가파른 길 위에 스스로 누웠다.

무덤과 영혼

거대한 무덤 위에서 산다. 삼라만상이 뛰놀고 있다. 빛을 좋아하건 싫어하건 잘나고 못남도 따지지 않고 좋고 그름도 묻지 않는다. 엄마의 가슴에서 꿈이 피어나듯 나름대로 살다 때가 되면 모두가 무덤으로 귀의한다. 대홍수로 육지가 바다 되고 화마가 태산을 삼켜버려도 울타리 안에서 일어난 일 무덤은 아무렇지도 않은 듯 태연하게 여유를 보이며 받아들이는 엄마의 가슴이다. 형체는 예외 없이 다 묻히는데 아득한 허공을 맴도는 영혼이 깃들 곳은 어디인가.

바랫길

산모롱이를 돌아서 돌무덤을 지나
올망졸망한 다랑논 사이로
이리저리 굽어진 꼬부랑길은
엄마가 생업으로 다니던 바랫길*

갈 때는 여러 생각에 머리 어지러워도
바지락 캘 때는 시름 걱정 다 날아가고
올 때는 지친 몸에 힘은 들어도
돌아오는 발걸음은 가벼웠다.

섬사람들에게 희망을 주고
즐거움과 먹거리를 날라주던
바랫길은 우리 삶의 통로였다.

저녁노을 곱게 물든 마당가에서
거위처럼 목을 길게 늘여 바라다보면
엄마의 실루엣이 그려지던 이 길.

* 경상도 남해 지방의 방언으로 섬사람들이 생업을 위해 자연발생적으로 만들어진 바다에 이르는 길

아들이 추울까 봐

강추위가 유난히도 길었던 지난겨울
나라 위해 목숨 바친 아들
장한 일 했다고 자위하면서도
아리고 시린 가슴 어이 말로 다하랴.

오늘도 눈에 삼삼하여
현충원 아들 집 찾아왔다만
잔디만이 바람에 하느작거리며 아는 체 한다

찬바람 눈비에 얼마나 떨었을까
봄이라지만 아직도 바람 찬데
쓸쓸히 서 있는 아들이 추울까 봐
외투 벗어 묘비에 입혀주고
북받치는 설움에 땅을 친다.

안개처럼 소리 없이 내리는 비야
너는 저 높은 곳 감천感天의 눈물이더냐

밀회

은은한 달빛 아래 깊어가는 가을밤
싸늘히 부는 바람결에
사각사각 노래하는 갈대에
억새는 와삭와삭 화답한다.

나풀거리는 머릿결도 비슷하고
흔들리는 춤사위도 흡사한데
사각사각 와삭와삭 소리 또한 어울리니
그들은 연인 사이인가

주연主演의 소리는 아닌 듯한데
어디선가 들려오는
바스락거리는 소리…
낄낄거리는 소리…

자성自省하는 마음

촛불은 제 몸을 살라
어둠을 밝혀 주고
빛과 그림자를 줍니다.

소금은 제 몸을 녹여
맛을 주고
입맛을 돋궈 줍니다.

씨앗은 제 몸을 썩혀
우리에게 양식을 주고
행복을 줍니다.

돌멩이 하나
풀 한 포기도
거저 왔다 가는 것이 없습니다.

희생의 열매는 기쁨을 주는데
난 누구를 위해
무엇을 얼마나 베풀었던가.

시詩의 자국

비 온 뒤에 생긴 발자국
눈 위에 남겨진 발자국
얼마 지나면 모두 사라지는데
가슴으로 읽은 시의 자국은
마음속에 오래도록 머물러
사색의 길로 들게 합니다.

평범한 말 한 마디인데
가슴에 와 닿은 그 한 마디가
설맞은 짐승처럼
가슴속에 꿈틀거리며
짠한 느낌이 흐르는 것은
시의 자국이 너무 깊었었나봅니다.

잠 못 드는 밤

하나, 둘, 셋, 넷,
백, 이백, 삼백,

다시 또

하나, 둘, 셋, 넷,
백, 이백, 삼백.

밤은 부자富者야

제2부

봄 마중

봄이 오는 길목은 어디일까
남쪽에서 바람 타고 온다기에
앞산 등성배기로 마중 나갔더니
진달래꽃이 활짝 웃으며 날 반긴다.

피는 꽃 돋는 싹에 눈은 놀라고
물소리 새소리 귓가에 젖어드니
봄은 미리 와서 기다리고 있다가
게으른 나를 놀래주고 간다.

그리운 님

삶이라는 짐을 지고
안개 속을 헤매다가
이제는 짐 벗어놓고
먼 산 바라보니
절로 그리워지는 내 님
눈으로 그려도
가슴 저리고
귀로 듣기만 해도
마음 아파오는
내 님이시여

내 나이
내일모레면 망구望九인데
이제야 철드는 걸까
지금도
당신을 떠올리면
촉촉해지는 눈시울
목이 메어
말을 맺지 못하는

이보다 더한 정이
또 있을까

구름 속을 헤엄치는 저 달도
엄마 찾아 가는가

고향의 추억

이제는 추억만이 새로워지는 곳
뒤에는 금오산이 우뚝 솟아 있고
앞에는 시냇물 끝없이 흘러
한없이 흐른다는 무한천*이 있는 곳

금오산** 남쪽 자락에 터를 잡고
아담하게 가꾸어진 내 모교
공도 차고 뛰놀던 그 운동장은
측백나무 울타리가 감싸고 있었지

교문을 들어서면 왼쪽에 자리한
항상 우릴 반겨주던 늙은 느티나무
그늘도 주고 시원한 바람으로
한여름을 식혀 주곤 했었지

이리저리 휘어진 앞개울 따라 오르면
올망졸망한 초가집들 어깨를 겨루고
길가에 논과 밭은 서로가
앞서거니 뒤서거니 이어지던 곳

한 폭의 그림처럼 소박한 시골 풍경
언제나 어머니 품속같이 따스하고
훈훈한 바람이 감돌던 곳
꿈속에서도 헤매던 그곳은 나의 고향

* 충남 예산에 있는 하천 명(無限川)
** 충남 예산에 있는 산 이름(金烏山)

잊혀지지 않는 꿈

엄마의 사랑을 먹고 자랄 나이에 유학길에 올라 고독의 벌은 시작되었다. 모든 것이 낯설고 물선 곳에서 외톨이 되어 남몰래 울기도 많이 했다. 자나 깨나 쌓여만 가던 엄마의 그리움은 이제는 지쳐서 미움으로 변하고 그리웠던 엄마는 야속한 엄마로 변했다.

한겨울 어느 날 밤 그립다 못해 밉기까지 했던 엄마가 내 곁에 앉아 엉덩이 톡톡 치면서 우리 아기 잘 있었니? 너무도 반가워 벌떡 일어남과 동시에 두 팔을 크게 벌려 엄마를 쓸어안았지만 그것은 허공을 휘감은 허망한 꿈이었다.

꼭 껴안았던 두 팔은 맥없이 풀리고 칠흑 같은 어둠 속에서 말없이 허전하고 아쉬운 마음에 흐느꼈다. 한참 동안이나 얼간이처럼 머엉했던 나 꿈은 꿈으로 만족하자고 자위하며 그리움이 얼마나 사무쳤으면 그런 꿈이… 잠을 청해 봤지만 날이 먼저 밝았다.

잊혀지지 않는 꿈 희비가 뒤엉켜 허탈에 빠졌던 그 기억이 지워지지 않는다. 이제는 다 정리하고 떠나야 할 나이 황혼의 길목에 선 지금도 그 꿈을 생각하면 세월에 찌들어 주름진 눈시울에 엄마의 그리움이 촉촉이 젖어든다.

제야의 종

성탄을 축하하는 캐럴송 울릴 때
짤랑대던 종소리는 요란도 하더니만

아쉬움과 희망을 알리는
제야의 종소리는
두웅하고 육중한 소리로
가슴 깊은 곳을 휘저으며 여울져간다

은은하게 흐르는 긴 여운이여

반짝이며 수를 놓는 별을 보니
아쉬움도 많고
바람도 많아 마음 더욱 설렌다

장한 엄마

서해를 지키던 씩씩한 아들이
적의 폭침에 의해 산화했다
심장이 터지는 듯한
아픔을 느끼면서도
'나라 위해 큰 일했다'
마음 달래는 엄마

아들의 영정 앞에서
몸부림을 치고 싶어도
막가는 아들이 혹여 잘못될까 봐
손으로 입 가리고
떨리는 몸 조심스레하며
오열을 삼키는 엄마

마음을 달래며
이를 악물고
오열嗚咽은 삼켰지만
두 볼을 타고 흐르는
넘치는 빗물은
감출 길 없어 더욱 안타까워라

하얀 목련화

간 겨울이 그렇게도 추웠는데
털모자 겹으로 덮어쓰고
엄동설한을 잘도 견뎌 냈다

이제는 봄볕이 익어가니
살며시 모자 벗고 수줍은 듯
뾰족이 내민 새하얀 얼굴

봄기운에 취해 곤히 잠들다가
봄의 소리에 놀래 눈을 뜨니
하얀 목련화 웃으며 앞에 서 있네

겨우내 목마르게 그리웠던가
몸단장도 못한 채 달려와
웃고 있는 네 모습에 난 반했다.

'옷차림이야 살면서 하면 되지'
목련은 말한다 얼굴부터 선뵈는 것이
목련 가문의 전통이라고

참새들이 공감이라도 하는 양
짹짹거리며 포릉포릉 날고 있다.

촛불

들창으로 들어오는 따스한 봄볕처럼
방안을 화안하게 밝혀주는 촛불
눈물 흘리며 오래도록 제 몸 불사르다가
푸르던 잎 찬바람에 가랑잎 되어 흔들리듯
촛불도 가물가물 점점 잦아든다

참을 수 없는 갈증 속에서
제 뼈를 태워가며 참고 버티던 촛불
드디어 숯덩이 남기고 숨을 거둔다
그 순간까지 얼마나 고통스러웠을까

고통은 자신만이 느끼고 갈 뿐
웃으며 운명하는 이도 고비의 고통은 있다
삶은 고행이고 해탈은 죽음 후에 오지만
촛불처럼 숭고한 흔적 남기고
오던 길로 간다면 더없이 좋으련만…

하늘을 가르며 스러지는 저 별똥별은
남길 흔적 찾지 못해 자포자기의 신호인가

너무 야속한 당신

서로가 그림자 되어 헤어짐 없이 사랑 노래 부르며 꽃 피우자고 거듭된 맹세로 믿음 주고는 홀로 별자리 찾아 떠난 당신 차라리 말없이 그냥 가시지 철석같이 믿었던 내가 잘못일까 한없이 미우면서도 그래도 못 잊어 오늘도 당신의 별을 찾아 맴을 돕니다.

우리는 모두가 우주 속의 작은 별 당신은 잠든 별이고 난 산 별입니다. 오로지 나만이 그릴 수 있는 아주 작은 우주 속이지만 가까이도 멀리도 보이는 것은 미소 짓던 당신의 모습 뿐입니다. 하도 그리워 부르고 또 불러보건만 메아리도 목이 멘 듯 흐려집니다.

알로하* 인사

황혼에 물든 와이키키해변에
노을빛 받으며 다가오는 여인
유심히 시선이 끌려 확인해보니
맺지 못할 인연에 애태웠던 그 사람
뜻밖의 만남에 설레는 가슴

좀 더 일찍 만났더라면…
서로가 당혹한 표정을 읽으면서
나눌 수 있는 시간은 두 시간 뿐
기다리는 시간은 지루하더니만
아쉬운 시간은 어찌 그리 쏜살같은가

떠나려고 차에 오르는 순간 날 부르는 소리
그는 "알로하"를 연발하며 손을 흔든다
"여보, 사랑합니다, 안녕!"
"알로하" 화답하면서도 마음이 아려
눈길은 먼 하늘로 돌리지만 울렁이는 가슴.

* 폴리네시안(polynesian)들의 인사말로서 피지, 하와이, 뉴질랜드, 사모아, 타이티, 말케사스, 통가 등 7개 폴리네시아 섬사람들의 공통된 인사말. 그 인사말에는 hello, goodbye, love 등 다양한 뜻을 내포하고 있답니다.

신선이 따로 없네

하와이주에서 두 번째로 큰 섬 마우이섬의 할래알라카*산 정상에 올라 세계에서 제일 크다는 휴화산 분화구를 본다. 팔십 만년 살이나 먹은 늙은 분화구 오랜 세월에 새끼를 쳤는지 열여섯 개나 되는 작은 분화구를 한 식구처럼 껴안고 있다. 원형 그대로의 웅장한 모습에 빠져 한참동안 하나하나 살펴보다 굽힌 목 굳어질까 염려되어 머리 들어 뒤쪽으로 눈 돌리니 발밑 저만치에 하얀 뭉게구름 떠있다.

스스로 흰 구름 굽어보며
아! 여기가 바로
신선들이 노니는 천상의 세계
왕후장상의 씨가 따로 없듯이
신선의 씨 또한 따로 없는 듯

* 하와이주 마우이섬에 있는 해발 3,050m의 산 이름이며 정상에는 세계에서 제일 큰 분화구가 팔십만 년 전에 생성되었다고 한다. 산 이름의 뜻은 '태양의 집'이라는 뜻. 국립공원.

수평선의 출산

출렁이던 바다 호수처럼 잔잔하고
찌푸렸던 날씨 거울처럼 맑아졌다
저 멀리 까마득하게 하늘과 바다가
한 몸 되어 사랑 나누는 수평선

붉은 해는 이미 중천에 떠있는데
한 몸 된 수평선은
무언가를 토하고 있는 듯
알 수없는 까만 점 하나

지루할 만큼 아주 천천히
점은 점점 커지고 거리는 줄어든다
수평선이 낳은 것은 돛단배 하나
깃발을 펄럭이며 다가온다

밤이나 낮이나 밀려드는 파도와 함께

바람이 앗아 간 꽃길

앞산 나지막한 언덕길은
양 가에 아카시아 줄서있는 길
엊그제 홀로 산책할 땐
만개된 꽃에 탄성이 절로 났다

집벌 산벌 가릴 것 없이
춤추고 노래하는 수많은 벌 나비들
이 꽃 저 꽃으로 바쁘게 넘나들고
나는 달콤한 향기에 취했었지

그 향기 못 잊어 오늘 다시 와 보니
간밤의 궂은비에 향기 다 씻겨가고
길 위에 카핏처럼 펼쳐진 꽃잎들
한 폭의 바람이 그마저 쓸어간다

아아
내 아쉬움마저 쓸어갔으면 좋으련만

단비

쨍쨍 내리쬐는 햇볕에
하얗게 굳어진 논바닥
가뭄에 짓눌려
거북이 등 모양으로
쩌억쩍 갈라지는 비명 소리
천신(天神)이 들었나
검은 구름 앞세워
차분하게 단비가 내린다

갈증에 시달렸던 개구리 한 마리가
나는 듯 허공을 가르며 멀리 뛰는데
저 개구리처럼
단비도 흡족하게 내려 줬으면

가슴으로 읽는 시詩

노래하는 가수는
가사에 동화同化 되어야
멋진 노래를 부를 수 있듯이
시詩를 읽는 데도
눈으로만 읽지 말고 소리 내어
가슴으로 읽어 보시구려

가슴으로 읽는 시는
독자가 그 시의 주인공이 되어
더러는 목이 메고 가슴 저리며
때로는 코끝이 짠할 때도 있고
가끔은 볼을 적실 때도 있습니다
그렇게 시의 맛을 느껴 보시구려

감정을 드리워서
깊은 뜻 음미하며
차분하게
가슴으로 읽어 내리면
아름다운 정경의 파노라마
가슴속에 여울져 흐를 거외다

싹과 꽃

삼동三冬의 인고忍苦를
집념으로 이겨내고

돋아나는 싹과 꽃

그 빛깔 진해질수록
봄은 얇아지고

환경이 맘에 안 들면

자라목 감추듯
쑤욱 들어가 숨어버린다.

제3부

임 그리는 마음

밤은 별이 그리워서 오는가
뜬눈으로 밤을 지새며
수많은 별들이 쏟아놓은
영롱한 진주알들이 수줍은 듯
풀잎 가지마다 맺혀있는데
햇살은 시샘을 하듯
모두 다 거둬 가버린다.

낮과 밤이 이어져 오가듯
뿌리고 거둠도 이어져 간다.
삼라만상이
때가 되면 오고
오면 또 가는데
임 그리는 마음은
올 줄만 알고
갈 줄 몰라 쌓여만 간다.

용서를 비는 마음

서해 바닷가
님 그리워 찾아왔다
바닷바람은 싸늘해도
포근해지는 마음
아득한 수평선 바라보며
달처럼 떠오르는 추억에 젖는다

등에 업혀서 듣던
님의 자장가 소리가 그립다.
물 한 사발로 요기하고
얼굴 붉히던 님의 모습 선한데
밥 달라고 보채면서
철없이 몽니 부렸던 나

"가슴을 쥐어뜯는 아픔이었으련만
님은 용케도 잘 견뎌내더이다."

"살아실제 용서를 빌어야 했는데
못난 자식 이제야 눈물로 빕니다."

"목 놓아 불러도 대답 없는 님이시여
님의 모습 너무 그리워 가슴을 칩니다."

목멘 메아리에 가슴을 저미는 아픔이어라

푼수 생각

봄바람에 흩어지는 꽃잎 눈보라
바람의 심술인 듯 꽃잎의 장난인 듯
별 생각도 없이 창밖을 보다
손자 놈 백일사진에 눈길 멎었다.

훠언한 이마에 반짝이는 눈
탱탱한 풍선처럼 볼은 반들거리고
잇몸 활짝 드러낸 채 웃는 모습이
내 입꼬리마저 치켜 올린다.

너를 통해서 거울 속의 나를 본다
분명 나에게도 너 같은 시절 있었지
지금은 모두가 꿈 같은 이야기지만
그래도 가끔은 추억에 잠기고 싶다

너른 이마야 늘 보았으니 닮았다지만
내 틀니 뺀 모습은 언제 봤길래
민둥산 잇몸을 다 드러내어 웃는가
그놈 예쁘긴 해도 고얀 놈이네

늙으니 이제는 추억도 가난이 들고
모든 것이 부럽고 그리워진다
나는 분수를 모르는 푼수가 되었지만
너는 겁도 없이 푼수짓을 하는구나

괴석塊石과 고송孤松

까마득하게 높이 솟은 절벽에
서너 개의 괴석 사이에 작은 솔 한 그루
바람에 날려 너울거리던 솔 씨
운이 좋아 괴석 틈에 떨어졌는가

봄볕에 녹은 눈물에 몸 불려
눈트고 뿌리내린 지 수십 년
처음부터 고송으로 어려운 삶 부지했지만
이제는 찬바람 눈서리도 당당하게 맞선다.

괴석 틈바귀에서 어렵게 자란 네 삶이
지내온 내 삶과 같아 흐느낀 적 많았지만
부끄러워 말 못한 채 님 떠나고 나니
더한 아쉬움과 서러움에 목이 메인다.

흐르는 일월 속에 어느덧 황혼에 접어들어
석양에 물든 네 야윈 모습 볼 때마다
지내온 내 모습인 양 안쓰럽게 생각되는 것은
마음으로만 느껴지는 동병상련이런가

새싹

오랫동안 갇혀 있기 답답했다
신선한 공기가 그리웠다
때를 기다리기 지루했는데
진통 끝에 쏘옥 나왔다.

눈은 텄어도
파고드는 바람에 물기 마르고
때늦은 설한에 움츠러들 때
새싹은 두려움에 떤다.

떨다가도 단비 촉촉이 내리면
쑥쑥 자라는 새싹들
보기만 해도 흐뭇하고
밝은 내일이 그려진다.

친구를 보내며

옛날 국민학교 다닐 때
옆집에 살던 친구
졸업은 같이 했지만
그는 불행히도 진학을 못한 채
오랜 세월 병마에 시달렸다

얼마 전에
내가 손을 잡았을 때
퀭한 눈자위를 적시던 눈물은
고맙다는 인사인지
반가운 감격의 눈물이었는지 몰라

그래도 눈빛만은
쥐 눈처럼
유난히 빤짝거려
한 가닥 희망을 기대했는데
내 욕심이 너무 지나쳤었나

생을 마감했다는 부음에
측은한 마음이 앞서
달려가 홑이불 들춰보니

눈썹도 짐이 되어 감았는지
눈빛마저 볼 수 없어 마음 더욱 시리다

이산가족 상봉

반세기가 넘는 긴 세월에
쌓이고 쌓인 한과 설움
60년 만에 만남이니
어이 감격하지 않으랴

말할 수 없이 기쁘면서도
왜 이제 왔느냐고
서로가 부둥켜안고 발 구르며
애환의 물결이 강을 이룬다.

말보다 감정이 앞서
서로 손 잡고 얼굴 비벼 대며
잡은 손 놓지 못하는데
약정된 시간의 흐름은
사립문에 바람처럼
야속하게도 빨리 빠져나갔다.

다시 헤어질 생각하니
가슴이 철렁 한다.

만나자 이별이란 말처럼
우리 피차가 태어나자마자
멀리 떠났느니라 생각하자고
매정한 생각을 하면서
울먹이며 손을 흔들었지만
쌓이고 쌓인 한과
오래된 정의 앙금은
지금도 아쉬움의 싹을 틔우고 있다

기다리는 막차

여기 온 시간은 알 만한데
내 타고 갈 막차 시간은
시간표에 빠져 있어 알 수가 없다.

예까지 오는 동안
즐거움보다는
괴로움이 더 많았다.

2인승 막차가 오면
내 동반자와 둘이 타고
꼬부랑길 흔들거리며
말동무 되어 좋으련만
그것은 태초부터
1인승 뿐이라니…

인생은 허무한 거라다더니
막차가 1인승이라서
나온 말인가
막상 혼자서 가려하니
쓸쓸하고 허망스럽다.

기다리는 것은 아니 오고
오늘도 흘러간 추억만이 새록난다*

* 새록새록 피어나다

원점原點

모든 것들은 원점에서 시작되어
나름대로 생애를 거치며 존재하다가
때가 되면 아쉬운 정 남기고
다시 원점으로 돌아간다.

나도 그렇고 당신 또한 그렇지.
삶이 원점에서 시작되고
죽음이 원점으로 돌아가는 거라면
삶과 죽음은 하나가 되는 거지.

원점으로 돌아가는 시계 바늘처럼
모든 존재는 원점에서 생멸을 거듭한다.
해와 달도 영원히 원점으로 돌고
운수도 돌고 돈다 하지 않던가.

영원한 술래

여명의 빛은 어둠을 밀어내고
어둠은 붉은 노을을 덮어버린다.

낮과 밤은 빛과 그림자로
영원한 술래다.

서로가 약속이나 한 듯 품앗이는 이루어져도
동반자 되지 못해 아쉬움이 남는다.

그래도 바뀔 때마다 잠시 스치니
술래가 지루함 없어 더 좋을지도 몰라.

님이 남기고 간 말

난 총으로 권력을 잡았기에
그 총구가 항상
날 노리고 있을 것이라는 것을 잘 압니다
그러나 나라와 민족을 위해서라면
언제나 죽을 각오가 돼있다고
거리낌 없이 당신은 말했습니다.

피를 콸콸 흘리며
숨을 거두면서도
"난 괜찮아!"
한 마디 남기고 간 당신은
슬퍼하는 자들의 마음을
달래주고 떠나는 어버이 마음이었습니다.

전후 좌우 아래 위
모두가 헷갈리는 혼돈 속에서도
님 생각은 그리움과 아쉬움으로 싹 트고
당신에 대한 노스탤지어가
해변에 쌓이는 모래톱처럼
자꾸만 쌓이고 또 쌓여 갑니다.

마지막 배웅

오랫동안 투병에 힘겨워하면서도
그토록 살고 싶어하던 친구
끝내 꿈 이루지 못하고 갔다.

마지막 가는 길
옛정 못 잊어 배웅 갔더니
출가한 딸 달려와
이 가슴에 얼굴 묻고 통곡한다

이봐요 너무 서러워 말고
아빠의 몸과 혼이
따로 이민 갔다고 생각 하게나
때가 되면 자네도 갈 길인데
비록 몸은 따로 묻히겠지만
영혼은 천상에서 만나게 될 것이네

아버지와 영원히 헤어져야만 하는
딸의 심상을 그려보니
나도 모르게 코끝이 찡해져
잠시 하늘로 눈길 돌렸다.

복사꽃 얼굴

갈 때는 가더라도
건강하게 살다 가려는 욕심에
오늘도 운동 삼아 하얀 눈길을 걷는다

쌓인 눈에 새겨진 수많은 발자국
어제 낮 햇살에 녹는 듯하더니
매서운 밤바람이 쇠눈*길 만들었네

한 발 한 발 내디딜 때마다
뽀드득뽀드득하는 소리는
오뉴월 물논에서 들리는 개구리 울음소리

세찬 칼바람에 숨은 막힐 듯한데
벌써 산을 내려오는 젊은 아낙네
양 볼에 핀 복사꽃 너무도 곱다

천천히 걸어도 숨이 차서 헉헉대는데
세월에 골이 패인 이 얼굴엔
복사꽃 물리치고 버섯꽃**이 한창이네

* 쌓인 눈이 햇살에 녹는듯 하다가 다시 냉기류에 의해 쇠처럼 단단하게 굳어진 눈
** 노년기에 피부에 나는 검버섯

인생도 한줄기 소나기

우리도 우연히 와서
이일 저일 땀 흘리다가
어느 날 한줄기 소나기처럼
아쉬움 남기고 가겠지
억겁億劫을 생각하면
백년 인생도 한줄기 소나기지

신의 없는 나라님

나라님 후덕으로
권좌 물려받았건만
결초보은은 옛말이 되고
선대 나라님 법정에 세우는
각박한 세상인심
은혜를 원수로 갚는다더니
이를 두고 한 말일까

베푼 것은 아무리 크더라도
자랑하면 못난이가 되고
은혜는 아무리 작더라도
잊지 말아야 사람대우를 받는다
사욕에 눈이 멀어
손가락질하는 줄도 모르는
신의 없는 나라님도 있었지

적상산赤裳山의 추색秋色

가끔 스치는 바람에
한 길 가에 낙엽은 쌓이고
산허리를 도는 길은
이리저리 좌우로 돌아가는
굽이굽이 휘어진 적상산 고갯길

몸도 마음도 진정하면서
험한 길 힘겨워 쉬엄쉬엄 오르니
정상에 세워진 전망대가 친구 같다
갈증을 달래려 사탕 하나 입에 물고
나선형 계단을 힘겹게 올랐다

사방팔방 굽어보니
빨강, 노랑, 주황, 초록 등
온갖 색으로 조화를 이룬 한 폭의 그림
이것이 바로 절대자의 작품이던가
마음마저 울긋불긋 짙어만 가는데

제4부

장한 대한의 아들들

이 세상에 태어나
사나이답게 사는 길은
조국과 민족을 지키는 일이라며
감색 군복에 늠름했던 대한의 아들들

초계정772호 천안함을 타고
밤이나 낮이나
우리의 서해 바다를 지키던 그들이
적군의 폭침 전술로
대한 해군 46명이
이슬처럼 사라졌다

억장이 무너져 내리는
통한을 어이 말로 다하랴

장한 대한의 아들들이여
가슴에 순국의 뜻 깊이 새기리니
속세의 번뇌 다 떨쳐버리고
천계에서 편안하게 영면하소서

달라진 양심의 보루

법이 있으면 무얼 하나
지켜야 법이지
판결도 법나리* 마음대로다
법을 기준하지 않아도
법나리의 양심에 따랐다면 그만이다

국가안보문제도
한국의 정체성도
사관의 정통성도
법나리 마음 내키는 대로 판결하고
양심에 따라 평결했다면 그만이다

스승들은 어린 새싹들에게
붉은 물로 세뇌시켜도 되고
충신은 역적 되고
역적은 충신 되며
역사를 뒤집는 것도
법나리의 마음에 달려있다

나라 위해 목숨 바친
선열들의 희생은 생각해 보았는지

어쩌다 세상이 이리 변했나
아아!
그때 그 사람이 너무도 아쉬워진다

수마가 쓸고 간 빈터를
바라보는 농부의 심정처럼
망연자실茫然自失이라고나 할까
옛날엔
양심의 보루가 법나리였는데…

* 법관 나리의 합성어

꽃과 벌 나비

꽃이 아름다운 것은
화분을 날라 줄
벌 나비를 유혹하는 미소요
꿀과 향기는
벌 나비에게 주는
수고의 품삯이지요

꽃은 식물의 음문陰門이요
벌, 나비는 식물이 고용한
나飛는 옥근玉根으로
벌 나비는 신이 나서
이 꽃 저 꽃 돌기 바쁜데
꽃은 좋아라하며 하늘거린다

암수가 즐기는 것은
생에 최고의 가치요
화려한 꽃 속에서
사랑으로 열매 맺으니
어찌 아름답지 않으랴
삶의 가치가 여기에 있는 것을…

맺힌 한

가슴에 맺힌 응어리
봄볕에 눈 녹듯
흔적 없이 사라질 날
언제쯤 올까

저 푸른 바다에
소리쳐 풀어 놓아
마음은 빈 것 같아도
앙금은 그대로다

그리움과 후회는
빛과 그림자도 아니면서
시도 때도 없이
올 줄만 알지 갈 줄 모르니

석양에 물든 저 칸나canna:曇華야
너는 무슨 한이 맺혔기에
그토록
붉은 피를 토하며 서 있느냐

노부부의 대화

자식 있으면 무얼 해
젊어서는
자식이 희망이었는데
이럴 줄 알았으면
그때 배라도 부르게 먹고
모양도 내고 지낼 걸…
노부부의 후회와 한숨짓는 소리

임자
죄는 내게 있어 용서하게
무슨 소리요
내가 낳았으니 내가 죄인이죠
아니야 죄인은 나야
서로 자기가 죄인이라고
자세를 낮추는 아름다운 모습

이제 우리 갈 길도
얼마 남지 않았는데
이런저런 생각 다 떨쳐버리세
이제와 한숨 진들 무엇 하겠소

노을빛에 물든 채
주고받는 노부부의 대화는 서글펐다

바람에 나부끼는 흰머리가
메마른 가슴을 더욱 시리게 한다

수마水魔가 할퀸 상처

수마가 할퀴고 지나간 집터와 농토를 바라보는 농부의 심정은 어떨까 느닷없이 뒤통수를 얻어맞아 멍하니 정신이 나간 듯 글자 그대로 망연자실茫然自失이다.

두리번거리며 시선을 굴리다 기가 막혀 의미 없이 튀어나오는 쓴웃음 어이해야 좋을지 어안이 벙벙한데 묘안妙案과 비책秘策마저 수마가 쓸고 갔나 허탈과 아픔의 해결책이 없다보니 자진自盡이라는 독한 생각마저 떠오르고

그러나 천성이 독하지 못한 내가 마지막으로 할 수 있는 것은 격한 감정을 다독이며 순리대로 이해하면서 새로운 도전에 임하는 것이 상처를 아물게하는 명약임을 알았네.

노을진 부두 풍경

노을에 물든 구름
어느새 쏟아놓았는가
쉴 새 없이 남실거리는
붉게 물든 바닷물

해넘이를 배웅하는
갈매기 떼
꺌꺌 울어대며 너울너울
하늘을 가르며 날고 있다

간밤에 떠난 어선들이
만면에 희색을 띠고
싱글벙글 노래하고 춤추며
만선으로 돌아온다

만선에 활짝 핀 선원들의 얼굴
무사귀환만을 간구하던
부두에 마중나온 가족들
노을에 흠뻑 젖은 아름다운 부두 풍경

상사화 전설

아주 머언 옛날
어느 산골 마을에 예쁜 소녀
따뜻한 봄날 꽃 필 무렵
산 너머 절간에 꽃구경 갔었다네

텃밭에서 일하는 젊은 스님 본 순간
소녀는 첫눈에 반해버려
울렁이는 가슴 다독이며
큰 솔 뒤에 숨어 꿈을 그렸다네

소녀의 사랑은 갈수록 깊어만 가고
몇 번이나 고백을 다짐했다가도
부끄러워 말 못하고 애만 태우는
소녀의 몸은 터질 듯 익어갔다네

식히고 삭히려고 애를 써도
연모의 불길은 타오르기만 할 뿐
피 말리는 짝사랑에 마음만 졸이다
끝내 이루지 못하고 이승을 떠났다네

한 맺힌 그녀는
저승에서도 님 못잊어
산사를 맴돌며 붉은 꽃으로 피어나니
그 꽃을 이름하여 상사화라 한다네

악연도 인연이야

지금 생각하면
만나지 말았어야 했는데
그때는 서로가 눈이 멀어
마냥 즐거워했다
자식 낳고
꿈을 키우며 십여년
풍족하진 않아도
잘 사는 듯 했는데

마른하늘에 날벼락 치듯
헤어지자고 조른다

악연도 인연이었나

어찌하여 사악한 여인으로 변했단 말인가

믿지 못할 건 여자의 마음이라더니

먼 훗날 눈 감을 때
폭포수같이 밀려드는 회한을
어이 감당 하려고…

가을 산행

들녘엔 추수 풍경 아름답고
산에는 머루 다래 풍요로운데
스산한 바람 찬 서리 지나가니
울긋불긋 색동옷 입은 산이 너무 아름답다.

곱게 단장한 만산홍엽 보며
좋은 시상 떠올리려했는데
매정스러운 거센 바람
고운 옷 갈기갈기 찢어 날린다.

찢겨진 옷 입은 채 나무들은
못내 아쉬워하는 이 마음을 알았던가
내년을 기약하자며 흔들어댄다.

만시지탄晩時之歎

낮은 언덕길을
지팡이에 의지하며
천천히 오르는
허리 굽은 저 늙은이
목이 타서일까
진기가 다 빠져서일까
숨결마다 나는 쉰소리*

그래도 본인은 아무렇지 않은 양
서너 발짝 걷고서
휴우 하고 숨을 몰아쉬고는
다시 또 몇 발작
힘겹게 옮겨 간다

옛날 엄마도 저러했는데
나 또한 지금 저러하니
이것도 유전인가

내 일찍 헤아리지 못한 죄
너무 크고 무거워
눈시울이 달아오른다.

이제야
철이 들어 나오는 후회지만
가버린 흐름에
후회한들 무슨 소용 있으랴

이미 해는
해넘이 고개에 걸렸는데
시기를 놓친 아쉬움에
안타까워하는 한탄일 뿐

* 노인 또는 호흡기환자들이 심한 갈증이나 힘겨워 숨이 찰 때 나오는 좀 거칠고 새소리 비슷하게 쌕쌕거리는 숨소리〔의학용어로 천명성(喘鳴聲) 이라고 함〕

아내에게

당신은 내 안에 사는 친구
슬픔도 웃음으로 바꿔주는
당신은 나의 기쁨이야

새하얀 백합 한 송이
향기 풍기며 내게 다가올 때
설레던 가슴

눈을 감아도 못 잊을 것 같아
서로 의지해 삶의 꽃 피우자고
굳게 맺은 언약

풍진세계 잘 견뎌냈으니
그것이 큰 행복이지

예뻤던 그 얼굴에
세월이 주름은 더 했지만
이 마음속에는 아직도
당신의 미소가 생생하다오

그대 웃음 줄 때마다
솟는 맑은 샘물처럼
맑은 눈빛으로 마주하니
우리는 하나가 되는 좋은 친구야

갈등

말을 하면 파탄이 일어날까 두렵고
말을 말자니 가슴만 터질 것 같아

이럴 수도 저럴 수도 없는
나만의 슬픔

스스로 잊자 마음 다져도
오뚝이처럼 되살아나는 번뇌

참고 기다리자니
지루하고 한없는 세월

속 썩고 입맛 잃으니
몸도 피도 마른다

대화도 미소도 다 말라버리고
드리워진 먹구름 속에서
고뇌와 인내는 서로가
제 주장이 옳다고 큰소리친다.

내일을 위해
그 아픔을 참아왔는데
밝은 빛은 보이지 않는다

검은 구름 걷히고 해맑은 햇살에
웃음꽃 필 날은 언제쯤 올까
빨리 그날이 왔으면 좋으련만…
학처럼 목을 길게 늘이며 기다린다

아들에게

우리 안에 네가 있어 행복했다.

꿈나무 한 그루 무탈하게 자라
아름다운 꽃 피우고
좋은 열매 맺기를 기도하며
정성껏 너를 보살폈지.

어두운 밤 비바람 몰아쳐도
널 생각하면 힘이 솟고
세월이 주름을 더해가도
소박한 나의 꿈은
영롱한 구슬처럼 반짝였다.

아름다운 사랑은
받는 것보다 주는 것,
오늘도 저 푸른 하늘에
웃음꽃 필 내일의 그림,
무지개를 그리며 나는 행복하다.

기다리는 봄

무심한 바람에 상처입고
제 뜻과는 상관없이
이리저리 휘둘리다
정처 없이 멀리 가버린 마지막 잎새

바람에 튕겨지면서
상처 받고 말도 못한 채
떨어진 그 자리가 너무 아파
지금은 하염없이 울어대지만

따사로운 봄볕이 무르익어
종달이 날고 봄의 맥이 흘러
상처 받은 가지에서 새싹 돋아나면
당신은 새싹 보고 얼굴 붉힐지도 몰라

새 봄을 기다리기 힘들겠지만
이 생각 저 생각으로 아쉬움 달래며
나 그날을 기다리고 또 기다릴 거예요

모래알 인생

꿈 많던 시절을 동경하며
황혼에 물든 채
눈치를 보며 살다 간
그 노인은 모래알 인생이었다

아내 있고 자녀 있으면 뭘 해
융화를 잊어버린 마음들
앉으나 서나 누워 봐도
대화도 없는 고독 속에서 머물다 간 사람

이런저런 생각에 묻혀
한과 꿈을 벗 삼아 웃고 울고
고독을 곱씹으며
올 한 해도 저무는 듯하더니

싸늘한 바람이 불던 날
모래알 같은 삶에서 해방되어
이제는 영원의 문으로 사라진
가슴 시린 이야기가 남의 일 같지 않네

제5부

감나무

뒤란에 오래된 감나무
봄볕 따라 물 오르니
병아리 혀舌처럼 뾰족이 뚫고나온
연녹색의 가녀린 잎들 얼마나 아팠을까

초여름 왕관 꽃
달콤한 향기 풍기며 흐드러지게 피더니만
하루 이틀 지나니
마치 구조조정을 한 듯 바닥에 우수수 쏟아졌다.

어려운 줄도 모르고
아기에게 젖을 빨리는 엄마처럼
온갖 영양 전부 알알에게 다 나눠주고
세월 따라 성숙되면
아낌없이 자연에 보시布施한다

식솔들 다 떨쳐 보내기
얼마나 마음 아팠으면
이파리마다 피멍이 들었을까
늦가을 찬바람에 그마저 울고 떠나니
허전하고 쓸쓸하기 그지없다.

아내의 점심상

마파람에 게 눈 감추듯 보리밥 한 그릇 뚝딱 해치우고 괭이 들고 일 나가는 남편 간밤에 땀 흘리고 잠도 설 텐데 떡메 치듯 힘들어 보이는 괭이질이 너무 안쓰럽게 보였는지 아내는 점심을 서두른다.

피로와 허기에 흐르는 땀을 주체 못해 좀 일찍 들어가 마루에 누워 쉬는데 싹둑싹둑 송송송송 톡톡톡톡 끊이지 않는 도마에 칼질 소리 드디어 아내가 밥상 들고 나온다. 벌떡 일어나 둥근 소반 받고보니 소반은 종지들로 가득 채웠다.

아내에게 고맙다는 눈빛 주면서 반찬 하나하나 살펴보니 깨소금간장, 고춧가루 간장, 달래간장 반찬 모두가 간장 일색 하도 어이없어 옆을 힐끗 보니 아내는 혀를 내밀고 웃으며 돌아서고 남편도 "픽"하고 따라 웃는다. 왜 그랬을까? 아리송한 그들의 웃는 뜻은 알 듯 말 듯…

동지冬至

어린아이 잠투정하듯
깊은 잠 못 이루고

자다 깨기를 몇 번씩 거듭하니
잠도 어지러워 달아나는가

애써 쫓아가며 사정을 해도
아무런 대꾸도 없이 사라져 간다

허리 아파 엎치락뒤치락하고
가슴 답답해 엎치락뒤치락하는 사이

밤은 드디어 빛을 낳고 가버렸다
동지의 밤이 이렇게 긴 줄 미처 몰랐네

어둠이 내리는 것도 모르고

빨간 우산 펼쳐 쓰고
술에 취한 듯 볼그레한 얼굴들
눈길은 곱게 물든 단풍잎에 쏠린 채
저마다 무시로 탄성을 터뜨린다

여름내 싱그러움 자랑하더니
힘겨워 가죽마저 얇아졌나
스치는 바람결이 매서웠던가
너무도 곱게 물 든 단풍나무

젊은이들은 나름대로
카메라에 추억을 담는데
나는 그만 황홀한 너의 빛에
푸욱 빠져버렸다.

어둠이 내리는 것도 모르고

봄빛

같은 양의 초록색과 노란색을
고루 섞어 한 색이 되면
노란 색인듯 하면서도 푸른 빛이 돌고
푸른 색인듯 하면서도 노란 빛이 도는
연한 새싹의 봄빛이 피어난다

수줍은 듯 하면서도 어엿하게
가지들은 아련한 빛으로 봄을 알린다

어린아이 손끝에서도
이리저리 밀리는 가녀린 잎이
그 두꺼운 가죽을 어이 뚫고 나왔단 말인가

깊게 웅크린 뿌리의 힘으로
차마 토하지 않고는 견딜 수 없어
여기저기 밀려서 피어나는 새싹들

멧새들은 숲속에서 포롱포롱 날고
봄은 실개천 따라 졸졸 흐르네

그리움 2

봄볕에 아지랑이 일렁이듯
소리 없이 피어나는 그리움
품안을 파고드는 봄바람인 양
머리와 가슴을 휘젓는다.

기약 없는 막차를 기다리며
그가 남기고 간 편지를 보니
정다웠던 지난날의 파노라마가 아른거린다.

세월은 소리처럼 빨리 가는데
맴도는 그리움은 그칠 줄 모르고
아리고 시린 사연 남겨 둔 채
홀씨처럼 멀리 가버린 님 그립다.

이 해도 무정하게 저물어간다
이제는 온갖 번뇌 잊으라는 듯
산야를 온통 하얗게 덮어버렸건만
그래도 그리움은 샘물인가

무겁게 들리는 산사의 종소리
그도 잊지 못할 사연 있었나

못내 아쉬운 듯 남겨진 여운이
은은하게 머얼리 여울져 간다

우리는 모두가 인연

어렸을 때 뱃놀이는 즐거웠다
엄마 아빠 나란히 누어
어린 나를 배 위에 올려놓고
아래위로 출석거리며 날 어를 때
나는 마냥 좋아라며 깔깔대고
엄마 아빠는 눈 맞추며 즐거워하던
아스라한 기억이 새롭다

이제는 욕심도 근심도 다 벗어놓고
바람처럼 구름처럼 홀가분하게
세월에 밀려 떠 갈 뿐
천계天界로 떠나는 꽃가마도
너울거리는 파도 따라 둥실둥실
어려서도 뱃놀이 재미 있더니
막가는 길도 즐거운 마음으로 가자

인연 따라 만났다 헤어지는
저 구름 같은 인생아

슬픈 함성

까마득히 머언 옛날로
거슬러 올라가 보자
그때 우리 조상들은
어떻게 살았을까

밤이나 낮이나
먹이를 찾아
눈에 불을 켜고
이 산 저 산 헤매었으리

허기를 달래려고
이 골짝 저 골짝을 누비며
크게 울부짖는 소리는
슬픈 함성이었다.

권세 있다고 떵떵거리며
돈 자랑하는 재벌님들
거지 보고 비웃지 말라
네 조상도 울부짖고 다녔느니라

해일海溢

나는 보았네
바다가 비행장을 덮쳐
비행기도 집들도
조각배처럼 둥실둥실 떠가는
아주 희귀한 장면을

나는 울었네
쓰나미*에 희생된 영혼들을 위해서

나는 알았네
경악스러운 쓰나미의 괴력을

그리고 나는 느꼈네
복이 많은 행운아라고

* 일본어로 쓰나미(津波)는 해일(海溢)을 뜻함

사랑의 쇼

따가운 햇살에 오곡은 즐겨 여무는데 고추잠자리 한 쌍이 한 몸 되어 허공을 누비며 날고 있다. 오르락내리락 파도타기도 하고 요리조리 오락가락 춤을 추는 듯 힘들면 잠시 풀잎에 앉아 쉬었다가 다시 빙글빙글 원무圓舞를 하고는 눈 깜짝할 사이에 사라지는 요술도 부린다.

어디로 갔을까 두리번거리며 아쉬워질 때 마술사의 빈손에서 비들기가 나오 듯 다시 나타나 사랑의 진수를 보여주려는지 성애性愛의 묘기를 보이며 주위를 맴 돌다 클라이맥스에 이르렀던가 분수처럼 신나게 솟구쳐 오르더니 다시 내려와 몇 바퀴를 돌고는 어디론가 다시 자취를 감춘다.

지금쯤 그들은 헤어졌을까 아직도 어디에서 사랑을 즐기고 있을까 천하의 내로라하는 색한色漢도 이들의 곡예적인 성희性戱를 본다면 바보처럼 머엉하니 바보처럼 머엉하니 할 말 잊고 탄성을 토하며 꼬리를 사리지 않을 수 없으리.

버려진 무덤

한길 가 언덕 위
외로운 무덤 하나
무성한 잡초가 말하네
버려진 무덤이라고

풀숲에 누워버린 비碑
어느 호걸의 것인지
한 자 한 자 살펴봐도
세월에 좀이 슬어 알 수가 없네

서러워하던 자손들
다 어디 갔을까
지켜주던 비마저 잠들었으니
보는 이의 마음 너무 시리다

세상인심은 야박해도
일월日月이 밝혀주는 빛살처럼
아무런 조건 없이
허전한 마음 달래며 위로를 보낸다

회생回生

낙엽이 서글프게 저버린 뒤
겨우내 떨던 앙상했던 가지에
따스한 봄볕의 맥이 흐르니
가지의 새 희망은 다시 피어나고

뾰족뾰족 돋아나는 새싹들은
오일 마사지를 받은 듯
반들반들 윤기 넘쳐흐르니
강열한 정열에 희망 또한 크다.

모교의 추억

금오산金烏山* 남쪽 자락 양지바른 곳
측백나무 울타리가 달무리 이룬 가운데
금가마귀 알을 품고 있는 듯
안온하게 둥지를 틀고 있는 내 모교
예산본정공립국민학교는
군내에서 제일가는 명문교였다

넓은 운동장에서
주먹만한 공을 가지고 축구도 하고
철봉대 앞 모래판에서 씨름도 하며
뛰놀던 때가 엊그제 같은데
세월은 내가 잠든 새 도망을 치듯
70년이 꿈같이 훌쩍 가버렸네

2차 대전, 태평양전쟁, 6.25전쟁도 겪었다
삶 자체가 지겹던 시절 세 전쟁을 겪으면서
가족과도 뿔뿔이 흩어져 살아야 했다.
넘기 힘든 보릿고개는 목이 메는 고개
서산에 해 기울듯 황혼에 젖어드니
아픔의 상처들도 그리워진다

실개천을 따라 오르면
냇가에 올망졸망한 초가집과 다랑이 논밭
정겹던 그 모습 지금도 그냥 있을까
반세기 넘는 세월에 많이 변했겠지
그래도 산천은 그렇게 낯설지 않을 거야
평생 잊지 못하는 엄마의 얼굴처럼…

* 충남 예산읍에 있는 산 이름 (金烏山). 본 "모교의 추억"은 2012년 예산국민학교백년사에 수록되었으나 편집자의 임의 수정으로 시 전체가 오손되었기에 여기에 재수록합니다.

앞산

잎 피고 꽃 필 때
재잘대며 날 부르고
손 흔들며 유혹하던
앞산은 아름다웠다.

싱그러운 빛 가득 담고
그늘과 바람도 주며
들리는 가락에 취해
잠들게 하던 앞산

가버린 세월 속에
시달린 피멍들이
매정한 하늬바람에 지니
수척해진 늙은이 모습

삭풍 끝에 내린 눈에
새하얘진 앞산
운명한 시신처럼
백포 쓰고 잠들었네

죽음은 슬픔이련만
들뜨는 마음은 웬일일까
달빛마저 새하야니
거기에도 눈꽃 피었나

병원에서

한여름 무더운 중복 날 문병차 대학병원에 들렀다. 태양도 땀을 흘릴 듯한 날씨라 그늘진 현관에서 땀을 식힐 때 구급차 한 대가 앞에 와 선다.

부축을 받으며 내린 환자는 사십대의 젊은이건만 얼굴에 핏기는 없고 가쁜 숨소리 뿐 아내는 넋이 나간 듯 말이 없는데 아이들은 눈을 비비대며 흐느낀다.

살아야만 하고 살려야만 한다는 본인의 꿈과 가족의 소망을 안고 절규하며 찾아온 이곳이 매듭을 풀고 잠시 쉬었다 가는 정거장이 되기를 간절한 마음으로 빌자. 간밤의 별이 밤하늘에 다시 반짝이듯…

수술실 앞에서

종합병원 수술실 앞에서
경이와 나눈 인사는
마지막 순간이 될 수 있는
절박한 순간이었다
경이가 핏기 없는 내 손을
떨리는 두 손으로 감싸쥘 때
살갗에 스며드는 따스한 기류

넘칠 듯 말 듯
큰 눈에 피~잉 도는 샘물
억지로 참으려 해도
양 볼을 타고 떨어지는 순간
섬광처럼 빛났다.
'아빠! 힘내세요!'하던
경이의 울먹이는 소리가
가슴 깊은 곳을 휘젓고 다니는데…

지금도 한가롭게 눈을 감으면
갓 뽑아낸 솜사탕 같은 기류氣流가
손바닥 무한 속으로 스며드는 듯

들어가기 싫은 내 집

애태우며 기다려지던
젊었을 때의 그 밤이 그립다.
매일같이 축제로 이어지던 꿈의 향연
즐기고 또 즐기던 그 밤

편안하게 즐겨야 할 말년에
복이 없어 홀아비 되고
지금 이웃들은 다 불을 밝히고 있는데
내 집만이 빛을 잃었다

들어가 불을 켜야지 하는 생각보다는
들어가고 싶은 생각이 선뜻 내키지 않는다
기다려 주던 님 떠나니
어두운 밤 집에 문 열기가 너무도 싫다

토굴 속으로 빨려드는 것 같은
공포감에 소름마저 돋는다
오늘따라 왜 이럴까
나이 들면 다 그렇게 되는 건가

스쳐가는 바람에도 공연히 눈물이 난다

늙은이

미수米壽 늙은이들
갓난아이와 같다
입놀림 손놀림
모두가 어눌하다

늙은이가 별거더냐
세월 따라 줄어들면 늙은이지
그 말도 맞지만
애 늙은 게 늙은이라네

가을비와 감나무

가지마다 주렁주렁 카키색 열매
힘들어 보이던 뜰 앞 감나무
푸른 하늘 높아지고
부는 바람 차가워지니
식솔들 다 떠나보내고 한숨 돌리네

한 해의 업이 힘겨웠던가
온몸은 피멍투성이 되고
가끔 부는 싸늘한 바람결에
명이 다하여 주눅든 잎들은
아쉬움 남기며 몇 잎씩 흩어져간다

그래도 모양새는 여전했는데
간밤에 내린 가을비에
목욕만 할 줄 알았더니
전신 마사지까지 받았는지
아침에 보니 뼈대만 남아 홀쭉해졌네

빠른 세월

졸졸졸 봄의 소리 엊그제 들었는데
어느새 주룩주룩 장맛비 소리

한가위 명절 지나 단풍 곱더니만
우수수 찬바람에 낙엽 지는 소리

매정하게 몰아치던 칼바람도
이제는 힘겨워 잠이 들었나

너무 고요해 살며시 창문 여니
가지마다 소복소복 눈꽃 피었네

옛날에는 세월이 유수 같다더니
지금은 소리 따라 사라지는 세월

문명 따라 세월이 빠르다 해도
계절은 거르지 않고 봄은 또 오겠지…

■ 작품해설

철학적 사유와 긍정적 시심

—정주탁 시인의 시세계

문학평론가 리 헌 석
(사) 문학사랑협의회 이사장

1.

정주탁 시인은 1935년 6월 13일 충청남도 예산군 덕산면에서 태어난다. 어린 시절에 예산읍 예산리 516번지로 이사하여 청소년기를 보내며 예산초등학교, 예산중학교, 예산농고를 졸업한다. 군 복무를 마친 후 당시 재무부 산하 공무원 시험에 합격하여 전매청에서 21년간 근무한다. 전매청은 1987년 공사(公社)로 바뀌고, 다시 KT&G로 바뀌었지만 1996년까지 근무한다.

정년퇴임한 1996년부터 여생의 활력을 찾기 위하여 서예에 입문한다. 충청 지역 서예의 태두(泰斗)라 존경받는 정향(靜香) 조병호(趙柄鎬) 선생의 문하에서 10여년 정진한다. 1년 후 대한민국서화백일장 동상 수상을 시작으로 여러 상을 받으며 서예의 지평을 넓힌다. 대한민국서화대전, 세계불교서화대전, 전국율곡서예대전, 대한민국서화대상전 등에서 수상한다. 그리고 제1회 한국백제서화공모대전 특선(1999), 세계불교서화대상전 은상(2000)

등을 받아 한국백제서화협회 추천작가로 추대(2000)된다.

선생은 10여년의 서예 연마를 하면서 뜻한 바 있어, 2006년에는 문학창작의 길에 나선다. 다른 작가의 글을 옮겨 쓰는 서예의 한계를 극복하기 위한 치열한 발상이다. 그리하여 배재대학교 평생교육원에 입교하여 시 창작에 열중한다. 이후 3년간 습작한 작품으로 1시집 『막차를 기다리며』(2009)를 발간한다.

눈은 언 채로 내려 쌓이고
비는 녹은 채로 내려 흐르리.
같은 하늘에서 내리건만
빙점을 경계로
눈비는 서로 오가는데

이 세상에 태어난 사람은
찾아온 길손이고
이미 저승에 간 사람은
다녀간 손님일 뿐
눈비같이 서로 오가지 못하리.

—1시집 「왕래」 전문

첫 시집에 수록되어 있는 이 작품은 자연의 이치와 인간의 삶을 조감한다. 하늘의 수증기가 무거워져서 지상으로 내려오는 눈과 비는 빙점을 경계로 한다. 기온이 빙점을 넘으면 비가 되고, 빙점 이하로 내려가면 눈이 된다. 눈과 비는 완벽하게 대립된 물상(物象)이 아니라 동전의 앞과 뒤처럼 본질적으로 같은 사물이다. 이와 달리 이 세상에 태어나 생존해 있을 때와 죽은 후의 사람은 다른 세계에 존재하는 분립적 물상이다. 시인은 인간세계에도 빙점과 같이 시공(時空)을 아우르는 매체가 있다면, 서로 오갈 수 있을 터이지만 그러지 못함을 아쉬워한다. 이와 같은 철학적 사유를 담은 작품들이 첫 시집에 여러 편 수록되어 있다.

첫 시집을 발간한 이후에도 문학 창작의 삽질을 쉬지 않는다. 자학자습으로 작품 창작에 열중한다. 이 작품들의 일부를 『문학사랑』 신인작품상에 응모하여 2015년 여름호에 5편이 당선작으로 선정된다. 시집을 발간하여 기성시인으로 인정받고 있는 81세의 노익장이 새삼스럽게 등단 과정을 밟은 것은 지극히 겸손한 자세에 기인한다. 시인은 등단을 계기로 2시집 『무지갯빛 추억』을 발간하기에 이른다.

2.

산수(傘壽)에 이른 한국인의 삶은 참으로 신산(辛酸)하였을 터이다. 일본의 폭압 시기에 출생하여 유소년생활을 한 사람들은 대부분 나라 없는 고통을 맛보았을 것이다. 해방과 함께 나라의 분단 5년 후 북괴 침략으로 치른 민족 전쟁의 고통, 그리고 자신을 희생하며 이룬 경제발전의 대약진에 중심에 선다. 특히 효도가 기본 덕목이었던 삶에서 효(孝)의 의미가 퇴색해 가는 시대를 살아내느라 내면의 갈등 또한 심대하였을 터이다.

세월이 흘러 70대 혹은 80대에 이른 사람들은 평생 고통스런 삶이었음에도 불구하고, 나라와 겨레의 행복을 위하여 희생하고자 하는 의지를 지닌다. 이는 간난신고(艱難辛苦)의 역경 속에서도 믿고 의지하며 살아온 사람들이 서로 나누는 사랑의 힘이다. 이런

삶을 비유적으로 형상화한 작품에서 서정의 힘을 공유할 수 있다.

산모롱이를 돌아서 돌무덤을 지나
올망졸망한 다랑논 사이로
이리저리 굽어진 꼬부랑길은
엄마가 생업으로 다니던 바랫길*

갈 때는 여러 생각에 머리 어지러워도
바지락 캘 때는 시름 걱정 다 날아가고
올 때는 지친 몸에 힘은 들어도
돌아오는 발걸음은 가벼웠다.

섬사람들에게 희망을 주고
즐거움과 먹거리를 날라주던
바랫길은 우리 삶의 통로였다.

저녁노을 곱게 물든 마당가에서
거위처럼 목을 길게 늘여 바라다보면
엄마의 실루엣이 그려지던 이 길.

—「바랫길」 전문

바랫길은 경상도 남해 지방의 방언이다. 섬사람들이 생업을 위해 마을과 바다를 왕복하면서 자연발생적으로 만들어진 길이다. 사실 생각해 보면 우리가 다니고 있는 모든 길들도 시초에는 이와 다르지 않았을 터이다. 처음에는 오솔길이었을 터이지만, 많은 사람이 다니면서 큰 길이 되었을 것이다. 산업화와 도시화의 영향으로 도로가 확장되어 생활은 편리하게 되었지만, 이와 반비례하여 사람들 사이의 교감(交感)은 멀어지게 마련이다. 그리하여 현대인들은 올레길, 둘레길, 호반길, 산책로 등으로 일컬어지는 길을 선호하게 된다.

길은 만남과 헤어짐의 매개체이다. 길은 그 자체에 머물지 않고 비유와 상징에 의하여 의미가 확장된다. 개인이 영위하는 삶도 하나의 길이고, 사람과 사람 사이의 교유도 그러할 것이다. 인간으로서 행해야 할 도리와 삶도 철학적 사유의 통로가 된다. 태어나면서 만남이 이루어지고, 살아가는 과정에 수많은 사람들과 헤어지기도 한다. 만남은 언제인가 헤어질 것을 예정하고 있으며, 급기야 죽음에 이르러 완벽한 이별이 구현된다. 이와 같은 삶의 철학적 사유를 작품으로 빚어 '느끼며 감동하는 시'와 '생각하며 감상하는 시'의 영역을 개척한다.

모든 것들은 원점에서 시작되어
나름대로 생애를 거치며 존재하다가
때가 되면 아쉬운 정 남기고
다시 원점으로 돌아간다.

나도 그렇고 당신 또한 그렇지.
삶이 원점에서 시작되고
죽음이 원점으로 돌아가는 거라면
삶과 죽음은 하나가 되는 거지.

원점으로 돌아가는 시계 바늘처럼
모든 존재는 원점에서 생멸을 거듭한다.
해와 달도 영원히 원점으로 돌고

운수도 돌고 돈다 하지 않던가.

—「원점」 전문

정주탁 시인은 1연에서 삶의 보편적 논리를 펼친다. 사물이 원점에서 시작하여 어느 정도 진행하다가 다시 원점으로 돌아가는 것은 모든 생명체에 해당하는 이치다. 이러한 바탕 아래 2연에서는 '나'와 '당신'이라는 구체성을 띠는데, 원점의 양면성으로 인하여 삶과 죽음이 하나라는 논리를 편다. 3연은 1연과 2연의 교집합(交集合)으로 삶의 이치를 구명(究明)하고 있다. 이러한 사유는 노인세대에서 드러나는 사상과 감정의 자연스러운 발로(發露)라 하겠다.

삶과 죽음이 원점에서 만나기 때문에 '하나'가 된다는 사고는 긍정적이다. 자신에게 다가오는 운명 역시 자연스럽게 수용하고자 하는 자세로 보인다. 이와 같은 자세를 담아낸 작품이 여러 편임을 확인할 때, 이는 곧 정주탁 시인이 지향하는 내면의 반영일 터이다.

3.

일본에 나라를 앗겼던 경험이 있는 세대들은 국력의 비교 우위를 열망한다. 북한 공산군의 침략으로 발발한 6.25 전쟁을 체험한 세대들 역시 나라의 강성(强盛)이 다른 덕목보다 앞선다. 두 사례를 모두 체험한 세대들은 국가와 민족의 발전을 위해서라면 목숨도 아까워하지 않는 성향이 있다. 이는 눈물어린 빵을 먹어본 사람이 오늘을 감사할 줄 알고, 나라를 앗겨본 사람이 나라의 부강

함이 무엇보다 소중함을 통감하기 때문이다.

정주탁 시인도 이와 같은 체험을 한 터여서 나라의 안위를 노심초사(勞心焦思)한다. 시인은 의도적으로 시간을 내어 현충원을 찾는다. 최근에는 북한의 소행으로 밝혀진 '천암함' 폭침 사건으로 희생된 영웅들을 추모하기 위하여 국립대전현충원을 자주 찾는다. 그 묘역에서 묘비를 부여잡고 우는 아버지를 만난다.

강추위가 유난히도 길었던 지난겨울
나라 위해 목숨 바친 아들
장한 일 했다고 자위하면서도
아리고 시린 가슴 어이 말로 다하랴.

오늘도 눈에 삼삼하여
현충원 아들 집 찾아왔다만
잔디만이 바람에 하느작거리며 아는 체 한다

찬바람 눈비에 얼마나 떨었을까
봄이라지만 아직도 바람 찬데
쓸쓸히 서 있는 아들이 추울까 봐
외투 벗어 묘비에 입혀주고
북받치는 설움에 땅을 친다.

안개처럼 소리 없이 내리는 비야
너는 저 높은 곳 감천感天의 눈물이더냐

—「아들이 추울까봐」 전문

이 작품은 시인의 체험을 형상화한 것이 아니라, 현충원에서 만난 '희생 용사의 아버지' 입장에서 침통한 정서와 절절한 그리움을 노래하고 있다. 강추위가 계속되었던 겨울이 지나고, 날이 풀리자 '희생 용사의 아버지'는 나라를 위해 목숨을 바친 아들의 묘소를 찾는다. 나라를 위한 희생이고, 장한 일이라고 슬픔을 감내하면서도 아리고 시린 가슴으로 오열을 할 수밖에 없다. 현충원에 잠들어 있는 아들이 눈에 밟혀서 찾아왔지만, 바람만이 잔디를 흔들며 오갈 뿐 세상은 야속할 정도로 적막하다.

묘소의 아들이 추울까봐 외투를 벗어 묘비에 입혀주는 아버지의 모습은 가슴 먹먹한 감동으로 다가온다. 북받치는 설움에 땅을 치며 슬퍼하는 상황에 맞게 안개비가 내린다. 이 비를 '감천(感天)의 눈물'로 은유한 형상화는 그야말로 절창이다. 국가 안전을 지키다 산화한 아들의 애국심도 감천에 이르렀을 터이고, 그런 아들을 그리워하며 통곡하는 부친의 사랑도 통천(通天)하였을 것이다. 나라를 위한 희생, 희생을 추모하는 일심(一心)은 후진들을 향한 깨우침의 의미도 갖는다.

우리 안에 네가 있어 행복했다.

꿈나무 한 그루 무탈하게 자라
아름다운 꽃 피우고
좋은 열매 맺기를 기도하며
정성껏 너를 보살폈지.

어두운 밤 비바람 몰아쳐도
널 생각하면 힘이 솟고
세월이 주름을 더해가도

소박한 나의 꿈은
영롱한 구슬처럼 반짝였다.

아름다운 사랑은
받는 것보다 주는 것,
오늘도 저 푸른 하늘에
웃음꽃 필 내일의 그림,
무지개를 그리며 나는 행복하다.

—「아들에게」 전문

자녀를 생각하는 어버이의 내면을 그려낸 모범적인 작품이다. 자녀가 태어나는 것 자체가 행복이고 축복이기 때문이다. 부모들은 그 자녀가 잘 성장하여 훌륭한 인물이 되기를 소망하며 보살핀다. 〈어두운 밤 비바람 몰아쳐도〉 자녀들이 있어 힘을 내게 된다. 나이가 들어 〈세월이 주름〉을 더해갈수록 소박한 꿈은 더욱 절실하다. 받는 것보다 주는 것을 행복하게 생각하며 자녀들의 미래를 축복한다.

이런 마음이 작품으로 승화되어, 어버이의 보편적인 사랑을 담아내고 있다. 혹여 부모의 뜻과 달리 세상을 살아가는 자녀들도 있을 터이다. 그럴 때마다 '내 탓이오' 스스로 반성하며 살아내는 부모도 있게 마련이다. 그렇지만 여러 작품에서 보이는 형상화를 통하여 자녀들도 어버이의 내면적 진실에 접근하게 될 것이다.

4.

중국의 고사에 '노마지지(老馬之智)'라는 말이 있다. 방향을 분간할 수 없는 전쟁터에서 길을 아는 사람이 아무도 없었는데, 그중 한 사람이 '늙은 말을 앞세우면 길을 찾을 수 있을 것이다.'라고 주장하여, 그 말을 따라 길을 찾았다는 일화(逸話)다. 오랜 기간 전쟁터를 경험한 말이 길을 찾듯이, 수많은 경험을 축적한 어르신들의 지혜는 천금의 가치가 있다는 의미이다. 그리스에도 '집안에 한 사람의 노인도 없으면 한 사람을 빌어오라.'는 속담이 있다. 그만큼 경험을 바탕한 지혜가 가치롭다는 것이다.

노인이 지혜로울 수 있는 것은 욕심을 내려놓기 때문이다. 마음을 비운 상태로 세상을 조감(照鑑)하면 자연의 이치에 이를 수 있고, 마음을 비우기 위해서는 스스로 반성하는 자세가 필요하다. 세상의 이치를 궁구(窮究)하기 위하여 밝은 거울(明鏡)에 자신을 비추어 보는 자세가 중요하다.

촛불은 제 몸을 살라
어둠을 밝혀 주고
빛과 그림자를 줍니다.

소금은 제 몸을 녹여
맛을 주고
입맛을 돋궈 줍니다.

씨앗은 제 몸을 썩혀
우리에게 양식을 주고
행복을 줍니다.

돌멩이 하나
풀 한 포기도
거저 왔다 가는 것이 없습니다.

희생의 열매는 기쁨을 주는데
난 누구를 위해
무엇을 얼마나 베풀었던가.

—「자성(自省)하는 마음」 전문

희생의 열매가 여러 사람에게 기쁨을 준다는 전제에서 출발한 작품이다. 〈난 누구를 위해/ 무엇을 얼마나 베풀었던가.〉 자신을 돌아보는 자세가 오롯하다. 시인은 「그가 남기고 간 편지」에서 아내에 대한 애틋한 사랑을 밝힌다. 자신이 먼저 별세하는 것을 전제로, 뒤따라올 아내를 기다리겠다는 단심(丹心)의 표현이다. 〈우리는 좋은 인연〉이었으며, 〈나 정말 당신을 사랑했어요.〉라는 고백이 살갑다. 저승에 먼저 가서 기다리다가 아내가 오면 〈꽃다발 안고 마중〉하겠다는 속정 깊은 고백도 감동적이다.

정주탁 시인은 산수(傘壽)에 이르기까지 온갖 경험을 하였을 터이매, 그가 빚어낸 작품 역시 다양성을 띤다. 시인은 최근에 '비특적 폐 섬유화' 질환으로 숨이 가쁘지만, 그럴수록 정신 영역은 더욱 맑아져서 훌륭한 작품을 빚어내고 있다. 70대 후반에 첫 시집을 발간하고, 80대 전반에 두 번째 시집을 발간하였으니, 머지않아 세 번째 시집도 발간하리라 기대된다. 영육(靈肉) 간에 강건하여, 많은 사람들과 감동을 나눌 수 있는 작품을 빚으며, 연년익수(年年益壽)하시기를 축원드린다.

■ 작가의 말

시란 무엇인가 자문해 봅니다. 시의 바다가 너무도 넓고 깊어 알 듯 하면서도 알 수 없고 잡힐 듯 하면서도 잡히지 않아 정답을 구하기가 쉽지 않습니다. 독자가 느낄 수 있는 '감동'을 찾아야 하는데 어디에 묻혀 있는지 찾기가 힘듭니다.

때마침 2015년 문학사랑 여름호 제94회 신인 작품상에 당선되어 팔십이 넘은 나이에 등단하고 보니 한국문단사에서 최고령으로 등단한 늦깎이가 아닌가 생각되어 감격에 감격을 더할 뿐입니다.

모든 면에서 부족하다는 걸 알면서도 바람에 스치고 눈 비 맞으며 생각에 젖은 나의 발자국들을 그냥 버리기에는 좀 아쉬움이 있어 졸작이나마 부끄러움을 무릅쓰고 나름대로 한 편 두 편 모아, 등단 기념으로 제2의 시집 『무지갯빛 추억』을 펴냅니다. 다소 미흡함이 있더라도 넓은 아량으로 이해하여주실 것을 간청하는 바입니다.

끝으로 시선과 편집에 힘써주신 (사)문학사랑협의회 리헌석 이사장님과 이영옥 편집장님 그리고 출판사 관계자 여러분께도 깊은 감사를 드리며, 아울러 독자 여러분께 조금이라도 저의 진심이 전해진다면 다행이겠습니다.

2015년 여름 창암 정 주 탁

정주탁 시집
무지개빛 추억

발 행 일 | 2015년 7월 10일
지 은 이 | 정주탁
발 행 인 | 李憲錫
발 행 처 | 오늘의문학사
출판등록 | 제55호(1993년 6월 23일)
주 소 | 대전광역시 동구 대전로 867번길 52(한밭오피스텔 401호)
전화번호 | (042)624-2980
팩시밀리 | (042)628-2983
홈페이지 | http://www.lito77.co.kr(홈페이지)
전자우편 | hs2980@hanmail.net

공 급 처 | 한국출판협동조합
주문전화 | (070)7119-1752
팩시밀리 | (031)944-8234~6

ISBN 978-89-5669-666-9
값 10,000원

* 이 책은 교보문고에서 E-Book(전자책)으로 제작 · 판매합니다.
* 잘못 제작된 책은 바꾸어 드립니다.